AF370984

ARREST

DV CONSEIL D'ESTAT

SVR LE FAIT DES MONOYES.

Du huitiéme Auril 1656.

A PARIS,

Chez SEBASTIEN CRAMOISY Impri-
meur ordinaire du Roy, & de
la Cour des Monoyes.

M. DC. LVI.

Auec Priuilege de sa Maiesté.

EXTRAIT

DES REGISTRES

du Conseil d'Eſtat.

LE ROY voulant remedier au tranſport des eſpeces d'or que l'on a enleuées de ſon Royaume depuis quelques années, par l'occaſion du profit que l'on a trouué auec les Eſtrangers, en la diſproportion de l'or à l'argent, eu égard à la valeur de ces metaux dans les Eſtats voiſins de

la France, auroit par ſon E-
dit du mois de Decembre
dernier enregiſtré en la
Cour des Monoyes le 23.
du meſme mois de Decem-
bre, ordonné la fabrication
de nouuelles eſpeces d'or
appellées Lys, du titre &
poids mentionnez audit E-
dit, leſquelles au prix de
ſept liures, reuenoient en
proportion auec l'argent,
au meſme pied que ſi les
Louis d'or euſſent eſté portez à onze liures, qui eſt le
veritable & neceſſaire rap-
port d'vn metal à l'autre,
ſuiuant l'vſage & l'eſtima-
tion commune des pays

voisins, & par lequel seul
on peut empescher le trans-
port de l'or du Royaume,
suiuant le sentiment des
principaux Negotians &
Banquiers de cette ville de
Paris, & des autres gran-
des villes du Royaume,
desquels sa Maiesté auoit
voulu entendre les aduis.
Et comme il estoit raison-
nable que les particuliers
qui se trouueroient auoir
en leur possession les Louïs
d'or, ne profitassent pas
seuls du rehaussement à faire de dix iusques à onze liures, pour paruenir à ladite proportion: sa Maiesté

auoit iugé ne pouuoir tirer vn secours plus prompt, & moins à charge à ses Suiets dans la necessité de ses affaires, que le prendre vne partie de ce profit, pour l'employer aux dépenses de la guerre, par vn conuertissement qui se feroit volontairement desdits Louis d'or esdites especes nouuelles de Lys d'or, sur l'eualuation faite en ladite Cour des Monoyes. Mais aussitost que cet Edit a paru au public, quelques esprits factieux, ennemis du bien de l'Estat, ayant semé parmy le peuple diuers bruits,

& excité des particuliers
de la Cour de Parlement
de Paris, portez d'eux-mef-
mes à des nouueautez, pour
nuire aux affaires de fa Maiefté , en luy fouftrayant
l'auantage que deuoit pro-
duire cette nouuelle fabrication , auroient malicieu-
fement perfuadé le peuple,
qui ne peut pas auoir vne
connoiffance parfaite de la
valeur interieure des mo-
noyes , que les Lys d'or e-
ftoient fort au deffous du
prix qui leur eftoit donné
par ledit Edit ; en forte que
cette opinion s'eftant au-
gmentée , & ledit Parle-

ment emporté par la plu-
ralité des voix , autori-
fant les mauuais deffeins de
ceux qui trauerfoient l'e-
xecution de cette nouuel-
le fabrique ; fa Maiefté auroit efté obligée de faire
connoiftre aux Gens de ladite Cour de Parlement de
Paris , que la connoiffance du fait des monoyes
ayant efté attribuée fouue-
rainement & en dernier
reffort à la Cour des Mo-
noyes par plufieurs Edits
& Declarations, & nom-
mément en mil fix cens
trente-cinq , fa Maiefté ne
vouloit pas qu'ils en prif-
fent

sent connoiſſance, & s'en
attribuaſſent aucune iuriſ-
diction; d'autant plus qu'-
eux-meſmes auoient telle-
ment reconnu la Souuerai-
neté de ladite Cour des
Monoyes, qu'ils n'auoient
fait aucunes remonſtran-
ces ſur l'execution d'vn
grand nombre d'Edits re-
giſtrez en icelle en des oc-
caſions plus importantes,
comme du ſurhauſſement
des Piſtoles , des Quarts-
d'eſcu , & des Sols , de
la fabrique nouuelle des
Louis d'or & d'argent , du
decry des monoyes eſtran-
geres, de la fabrication des

Liards, & de la reduction
des Louis d'or de douze à
dix liures. Surquoy ladite
Cour de Parlement de Pa-
ris ayant fait diuerses re-
monftrances, & fa Maiefté
les ayant ouyes, & reiteré
plufieurs fois les mefmes
defenfes ; neantmoins les
feditieux prenant plus d'au-
dace & de nouueaux fuiets
d'efperer quelque change-
ment en l'execution dudit
Edit par la continuation
des affemblées dudit Par-
lement , auroient conti-
nué à faire couler parmy
le peuple de mauuaifes im-
preffions au fuiet defdites

nouuelles especes, afin que l'expofition en eftant dif-ferée, les Billonneurs euf-fent moyen, pendant ce re-tardement, de tranfporter l'or hors du Royaume, s'y appliquans auec plus de di-ligence que par le paffé: Ce qui auroit porté fa Maiefté (preferant l'vtilité de fes Suiets au fecours qu'elle pouuoit raifonnablement attendre de ladite nouuel-le fabrication, pour foufte-nir les exceffiues dépenfes neceffaires à la conferua-tion de l'Eftat, dans vne guerre fi opiniaftrée par les Ennemis de cette Couron-

ne, & afin de retrancher
plus promptement le mal
par l'vnique remede de l'é-
tabliſſement d'vne iuſte
proportion de l'or à l'argent, & faire ceſſer vn tranf-
port ſi preiudiciable à ſon
ſeruice, & au general du
Royaume) à donner Ar-
reſt en ſon Conſeil le 15. de
Mars dernier, par lequel
ſa Maieſté auroit ordonné
l'expoſition des Louis d'or
à onze liures, des doubles
& demis à proportion, des
Lys d'or à ſept liures, des
Eſcus d'or à cinq liures
quatorze ſols, des Louis
d'argent à ſoixante ſols, &

des diminutions à propor-
tion. Au preiudice duquel
Arreſt , aprés des remon-
ſtrances faites, & des de-
fenſes tant de fois reïte-
rées, ledit Parlement de
Paris ne conſiderant point
qu'il n'eſt pas Iuge en cette matiere, & qu'il eſtoit
prealable d'auoir recours
au Roy pour en obtenir la
connoiſſance & iuriſdi-
ction, attribuée à vne autre Compagnie dans toute
l'étenduë du Royaume, a-
uant que de s'ingerer à y
faire des reglemens, qui
n'auroient lieu que dans le
reſſort dudit Parlement, &

pourroient troubler le Commerce en toutes les parties de l'Eſtat, n'auroit pas laiſſé de continuer ſes entrepriſes; & aprés auoir cherché toutes ſortes de pretextes pour éluder les intentions de ſa Maieſté, auroit fait vn Arreſté du iour d'hier, toutes les Chambres aſſemblées, ſur la requiſition inconſiderée & malicieuſe de l'vn des Aduocats de ſa Maieſté en ladite Cour de Parlement; & par vn procedé inoüy auroit ordonné de nouuelles remonſtrances, tant de viue voix que par écrit; &

que le Lieutenant Ciuil,
le Preuoſt des Marchands,
& les Iuges-Conſuls, ſe-
roient mandez audit Par-
lement pour y entendre,
& en ſuite executer les intentions d'iceluy Parle-
ment, contraires à celles
de ſa Maieſté ſur le fait
deſdites monoyes. Et dau-
tant qu'vne entrepriſe de
cette qualité ne peut auoir
que de pernicieuſes conſe-
quences contre l'autorité
de ſa Maieſté ; que les peu-
ples tant de ladite ville de
Paris, que de la pluſpart
des Prouinces du Royau-
me, n'ont que trop reſſen-

ty en ces dernieres années les maux, dans lesquels de pareilles factions nourries par les assemblées dudit Parlement, les ont plongez; & qu'il est du deuoir de sa Maiesté de preuenir les malheurs qui pourroient renaistre de si dangereux commencemens. SA MAIESTE' ESTANT EN SON CONSEIL a cassé & annullé, casse & annulle l'Arresté de ladite Cour de Parlement de Paris du iour d'hier, comme donné par entreprise & attentat sur son autorité, & par persones pures priuées,

&

& sans autorité pour ce regard : A ordonné & ordonne, que ledit Arrest de son Conseil du 15. du mois de Mars dernier sera executé selon sa forme & teneur : Ce faisant, que les Louïs d'or seront pris en tous payemens à onze liures, les doubles & demis à proportion ; les Lis d'or à sept liures ; les Escus d'or à cent quatorze sols; les Louïs d'argent à soixante sols, & les diminutions à proportion, conformément audit Arrest du 15. Mars dernier; auec defenses à toutes personnes d'en faire refus ; & permis aux debiteurs de consigner aux risques, perils & fortunes des creanciers refusans : Et à cet effet toutes Lettres Patentes seront expediées pour estre enregistrées en la Cour des Monoyes. Enioint sa Maiesté au Preuost de Paris, ou son Lieutenant Ciuil, aux Preuost des Marchands & Escheuins, & aux Iuges-Consuls de cette ville de Paris, & tous autres Iuges, de tenir la main à l'execution d'iceluy ; auec defenses d'y contreuenir, ny de receuoir ou d'executer aucun ordre

dudit Parlement pour ce
regard, à peine de defo-
beïſſance & d'interdiction
de leurs charges ; meſme
de répondre en leurs pro-
pres & priuez noms des
dommages & intereſts des
parties : Ordonne ſa Maieſté, que les Iugemens qui
ſeront rendus par leſdits
Preuoſt de Paris, Lieute-
nant Ciuil, & Gens tenans
le Siege Preſidial au Cha-
ſtelet de Paris, les Preuoſt
des Marchands & Eſche-
uins de cette ville, & Iuges-
Conſuls, conformément
audit Arreſt du Conſeil du
15. Mars dernier ſur le fait

de ladite expofition des
monoyes, feront executez
nonobftant oppofitions &
appellations quelconques,
& fans preiudice d'icelles,
dont fi aucunes interuien-
nent, fa Maiefté s'eft refer-
ué & referue, & à fon Confeil, la connoiffance, &
icelle interdit à tous autres
Iuges, & fait defenfes aux
parties de fe pouruoir ail-
leurs qu'audit Confeil, à
peine de mille liures d'a-
mende, & de plus grande
s'il y échet; & à ladite Cour
de Parlement de Paris, de
prendre à l'auenir aucune
Cour, iurifdiction ny con-

noiſſance dudit fait des monoyes. Ordonne ſa Maie-
ſté, que ledit Arreſté du
iour d'hier ſera tiré des Re-
giſtres dudit Parlement, &
le preſent Arreſt inſeré en
la place : ſe reſeruant ſa
Maieſté de pouruoir à la
reparation de l'iniure faite
à ſon autorité, & au cha-
ſtiment d'vne telle deſ-
obeïſſance par les voyes
qu'elle iugera les plus con-
uenables. Et ſera le pre-
ſent Arreſt leu, publié, &
affiché par tout où beſoin
ſera, à ce qu'aucun n'en
pretende cauſe d'ignoran-
ce. FAIT au Conſeil d'E-

ſtat du Roy, ſa Maieſté y
eſtant, tenu à Paris le 8.
iour d'Auril 1656. Signé,
DE GVENEGAVD.

Le Lundy dixiéme iour d'Auril 1656.
l'Arreſt cy-deſſus a eſté leu & publié à
ſon de trompe & cry public en tous les
Carrefours ordinaires & extraordinai-
res de cette ville & fauxbourgs de Pa-
ris, par moy Charles Canto Iuré
Crieur de la Preuoſté & Vicomté de Pa-
ris, accompagné de Iean du Bos, Iac-
ques le Frain Iurez Trompettes, &
d'vn autre Trompette. Signé, CANTO.